「夢中で算数」をつくる 教材アイディア集 2

皆で読んでみましょう!!

5+5　ヘビ君の家

日本基礎学習ゲーム研究会会長

横山験也

さくら社

●はじめに

　小学生の頃から算数が好きで、教師になっても算数が好きで、退職しても算数が好きで、未だに算数教育に関わり続けていて、しまいにはアフリカの算数教育にまで首を突っ込むという変わった道を歩んでいます。そんな算数好きの元小学校教師が、昨年、手づくり教材の本を出したところ、これが先生方に喜ばれ、ありがたいことに好評を博しました。

　そこで、前作に続き、本作でも算数を教材という視点から捉えた内容にしていこうと、私なりに意欲的なことを考え、本づくりを進めました。私にとっての教材は、教えるべき内容を子どもたちにできるだけわかりやすく、それでいて少々面白く……というものです。

　私の意図することが、本を手にしてくださった先生方にできるだけ簡単に、すんなり伝えられたら、これはモアベターだろうとなりました。

　そのため、本書では、どのクラスにもいそうな子どもたちを登場させ、その子たちに向けて教材を使って授業する場面を漫画風に表現しました。本来なら文章を中心に書くところなのだろうとも思いますが、文章だけでは教材を出した時の驚きや、納得した時の喜びなどの様子をうまく伝えることができません。そこを端的に伝えるために、教材を使った授業風景を簡単なドラマ仕立てにしてみました。

　かけ算にヘビが出てきたり、昔ながらの「くるくる」や「画板劇場」も出てきたり、子どもたちが楽しくなる教材が満載です。グッと来る教材がありましたら、ぜひ、子どもたちと元気に楽しんでください。算数の教材のよさや面白さが少しでもみなさまに伝わればと願っています。

著者　横山験也

「夢中で算数」をつくる 教材アイディア集 ❷

もくじ

❶ 10 の合成分解がいつでもできる！
指10（ゆびじゅう）
.... 8

❷ 何番目の勉強がグッと楽しくなる！
アタリはずれゲーム
.... 10

❸ 10 を超えるたし算がよくわかる
オープン・ザ・ドア
.... 12

❹ 長針の読み方が楽しくなる！
お金時計
.... 14

❺ かけ算の仕組みが楽しめる！
かけ算ヘビ君
.... 16

❻ 覚えにくい 7 の段を楽しむ
くるくる 7 の段
.... 18

❼ 9 の段専用の指九九
指かけ算 1
.... 20

8 5×5以上のかけ算を楽しめる
指かけ算2 ⋯⋯⋯⋯⋯⋯ 22

9 気になるあの子が元気になる！
巨大ものさし ⋯⋯⋯⋯⋯⋯ 24

10 頂点、辺などが楽しく学べる
点君の旅 ⋯⋯⋯⋯⋯⋯ 26

11 分数の感覚がなんとなく伝わる
分数うちわ ⋯⋯⋯⋯⋯⋯ 30

12 数の勉強が楽しくなる
100倍、1000倍からくりカード ⋯⋯⋯⋯⋯⋯ 32

13 子どもたちが大興奮！
ダイヤモンドあてゲーム ⋯⋯⋯⋯⋯⋯ 34

14 コンパスでサッとサイズがとれる
くぼみ定規 ⋯⋯⋯⋯⋯⋯ 38

15 妙に楽しい
くるくる直径 ⋯⋯⋯⋯⋯⋯ 40

16 棒グラフの感覚がつかめる
棒グラフレース ⋯⋯⋯⋯⋯⋯ 42

17 かけ算とわり算がつながっていると感じる
九九表のわり算読み 44

18 簡単なやり方をわざわざやって見せる
忍法「さよなら0君」 46

19 （ ）を先に計算する理由が伝わる
買い物袋しばり 48

20 2次元表づくりが愉快になる
ドラマ、愉快な封筒 50

21 分度器の意味が伝わる
回転式パックリ角度君 52

22 分度器への混乱が減る
分度器、0の線 56

23 合同の学習が楽しくなる
そっくり君 58

24 平行四辺形の面積の求め方でちょっと輝く！
丸めてつぶして思考 60

25 平均の大切が痛烈に伝わる！
平均じゃんけん大会 62

26 図形を見る眼が向上する
底辺、高さのポインターペン 64

27 線分図への注目度がアップする
線分図専用、棒ツー 66

28 L字形の体積が楽しくなる
体積の重なり君 68

29 約分の雰囲気が伝わる
暗号分数 70

30 縮尺を見る力がつく
世界〇〇kmの旅 72

31 地味な比例が盛り上がる
比例実験会 74

コラム

三角定規の穴は　何のためにあるの？ 71

※ QRコードのついた項目では、教材の型紙をPDFにしてご用意しました。
　ダウンロードして厚紙などに印刷し、ご活用ください。

もっと

「夢中で算数」をつくる教材

子どもたちが驚きながら引き込まれる
そして自ら学びだす

**アイディア教材が
さらに31種類**

❶ 10 の合成分解がいつでもできる！

指 10（ゆびじゅう）

「8 と 2 で 10！」「10 は 9 と 1！」といった 10 の合成分解は、その先に学習する 8+4 や、12-7 など、10 を超えるたし算ひき算の学習を支える重要な学習です。それを、いつでも気軽に何度でもできるのが、「指 10！」です

やり方

腕をビュンと伸ばして、元気な声で、明るく朗らかに行いま～す‼

何回かやると！

補数が見えていることに気がつく子が出てきたら、「どこに見えているのかなぁ」とちょっとおとぼけすると、気づく子がどんどん増えていきます。そうなったら、「高速でやります！」とか、「後を向いてやります！」と楽しむのもよいですよ。

あっ、答えがみえてる！

ええっ‼

◉ 黒板用カード

手で持って使う 10 の合成分解カードを用意しておくのもよいです。

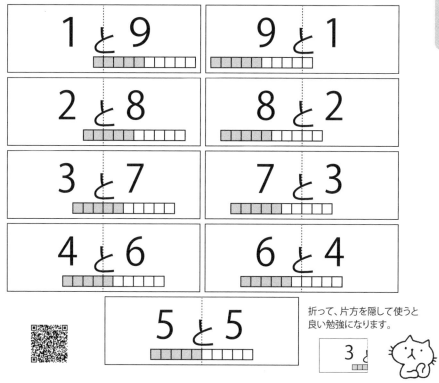

折って、片方を隠して使うと
良い勉強になります。

お経学習

大きな声で、「1 と 9 で 10 !」「2 と 8 で 10 !」……と
毎日繰り返して唱える学習は、戦前 から行われていて、「お経」と呼ば
れるほど熱心に取り組まれてきました。意味はわからなくても尊い役立
つ内容なのでしっかり覚えましょうということです。そのお経を唱える
時に、意味が示されているものを示すと、お経の効能が高まります。

ワンポイント

数を横並びにした掲示物です。数の列を見る力もついてきます。

2

何番目の勉強がグッと楽しくなる！
アタリはずれゲーム

前から何番目、上から何番目、左から何番目の学習をする時の必須アイテムは黒板に貼り付けるカードです。何も書いてない紙を貼るだけで十分によい授業ができますが、これをグイッと盛り上げたいなと思ったときに役に立つのが「アタリはずれゲーム」です。

準備する物▶ 10枚の紙、あたりの紙

磁石をつける

ウラ

裏が透けない紙

巨大指示棒もあると便利！

◎あたりカードを作る

大きめの付箋紙に「あたり」と書く。これを何枚かのカードの裏に貼る。

［巨大指示棒］

朝顔の支柱のあまりなど、長い棒の先に、工作用紙で作った矢印に目立つ色を付けて作ります。指で指せるところもわざわざちょっと離れて巨大指示棒で指すのも楽しい一コマになります。

カードに先生がかぶると、カードが見えない子が出てきます。それを防ぐ意味でも、巨大指示棒は役立ちます。私は、新聞紙を丸めてつなげて、2m ぐらいのを作っていました。しばらく使うと折れるのですが、その瞬間がまた楽しいひと時になります。

● 授業での使い方

黒板に何枚かのカードを貼り、アタリのカードとハズレのカードがあること
を話します。それから、アタリは左から何番にあるのか予想させて楽しみま
す。その後、そのまま右から何番目にあるのか予想させると、みんな大当た
りとなり、楽しくなります。

改めて、もう一回やる時には、カードをシャッフルして貼り直すと、すぐにできます。

③ 10を超えるたし算がよくわかる
オープン・ザ・ドア

9+4、8+3のような答えが10を超えるたし算を学習すると、急に戸惑う子が出てきます。そこが気になったら、物は試し、「オープン・ザ・ドア」を作って、子どもたちと楽しく取り組んでみてはいかがでしょう。

準備する物▶たし算3回分か4回分のカード

〈たされる数のカード〉

〈たす数のカード〉
折りたたんだところに「4」と書く

だらんと開かないように、爪などで押し付けるように折り目を入れる

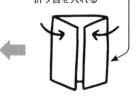

両サイドを折りたたむ

◎9のカードとつなげると…

ここに10ができる！

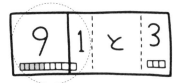

後から、9の右下に「と」と書き加えるといっそういい学習になる

開いた内側に、「1」「3」などを書き込む

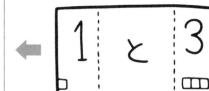

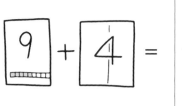

こんな風に黒板に貼って、4の左側を開く時、「オープン・ザ・ドア」などと言って、楽しく開きます。

◉ 授業での使い方

9+4の学習場面で、この「オープン・ザ・ドア」を使います。先ずはカードを黒板に貼り、答えがどうなるか考えてもらい、それからカードを開きます。

1回目はビックリして見ていますが、2回目になると、ドアになっていることがわかっているので、開くと何と何になるのかと頭が働き始めます。3回目、4回目にはすぐにわかる子も出てきます。数の分解をオープンという形にして見せていくので、プリントをしながら、「オープン」と小さい声で言う子も出てきます。もっと楽しいまじない言葉を使ってカードを開くのも、よい印象付けになりますね。

「8はこうだね」と指で見せ、「指10」を思い出して、「2と1だ」と気づかせるのもよいですね。

4 長針の読み方が楽しくなる！

お金時計

1年
とけい

時計の読み方で ?? となってしまうのは、長針の読み方です。1 と書いてあるところが 5 分、2 は 10 分。かけ算の 5 の段がわかっていれば … と思うこともありますが、それはできません。かといって、目盛りを 1 から数えさせ続けるのも…と思ったときに、「お金時計」を作ってみてはいかがでしょう。

準備する物▶文字盤と 10 円玉と 50 円玉

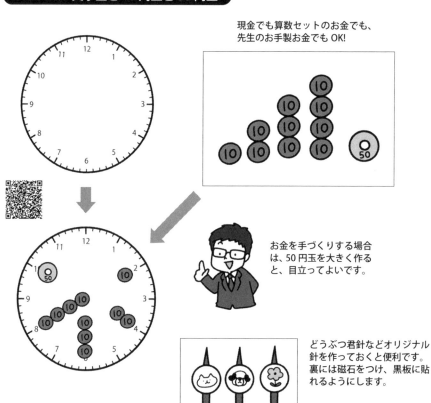

現金でも算数セットのお金でも、
先生のお手製お金でも OK!

お金を手づくりする場合は、50 円玉を大きく作ると、目立ってよいです。

どうぶつ君針などオリジナル針を作っておくと便利です。裏には磁石をつけ、黒板に貼れるようにします。

◉ 授業での使い方

お金付き文字盤を黒板に貼り付け、これは一体何なのかを考えさせます。「2の所が 10 分であることをわかるようにしている」など、よい答えが返ってきます。先生はどうしてこれを作ったのか考えてもらうと、「みんなが、時計がわかるように願っているから」などと、立派な答えも返ってきます。

先生が裏表時計を首からぶら下げて 1 日過ごすのも楽しいです。
強調したい数を 大きめにしたり、色を変えたりして、目立たせると効果的です。

ウラ

5 かけ算の仕組みが楽しめる！

かけ算ヘビ君

2年
かけ算九九

かけ算九九はしっかり暗唱できるように学習を進めつつ、5×4は5を4つたしたものであるという、かけ算の仕組みを理解することも大切な学習となっています。その理解の部分をちょっと楽しく教えたくなったら、「かけ算ヘビ君」もなかなかいいです。

準備する物▶かけ算ヘビ君とヘビ君の家、画板1枚

5が5個の所で色分けする

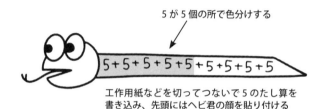

工作用紙などを切ってつないで5のたし算を
書き込み、先頭にはヘビ君の顔を貼り付ける

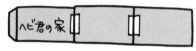

茶封筒の底を切り、上のようなイメージで
つなげ、ヘビ君の家を作る

かけ算ヘビ君！

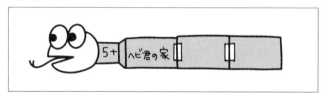

ヘビ君の家が動か
ないように留める

[画板劇場]

図工で使う画板を首にかけて、子どもたちに楽しく演出することを、「画板劇場」と呼んでいます。これが、思いのほか好評で、授業参観でやったら、PTA広報のお母さんから、取材するので後日再現してほしいと頼まれたことがありました。

◉ 授業での使い方

子どもたちの前で「ヘビ君の家」のついた画板を首にさげ、ヘビ君を少しずつ伸ばし、「5＋5＋5」を見て、「5×3」と答える学習をします。

皆さん、こんにちは！
これはヘビ君の家です。ヘビ君はここにすんでいます！
ヘビ君が少しだけ、家から出てきました！

残念！
ヘビ君は5＋5だけど、5＋5じゃないのです。別の読み方をしましょう！

「たし算読み」と「かけ算読み」があることにすると、「5＋5＋5」を「5×3」と読む学習だけでなく、その逆の「5×3」を「5＋5＋5」と答える学習もできるようになります。そんな学習をしている時に、突如、5×30などと九九を飛び出すかけ算を板書すると、燃え上がって、5＋5＋…と指を折りつつ、元気に言う子がたくさん出てきます。

17

6

覚えにくい7の段を楽しむ
くるくる7の段

6の段、7の段、8の段は定着に時間がかかります。そこで、休み時間などにも触れさせて、6～8の段をしっかりとマスターしてもらおうとするのが、昔ながらの教材「くるくる7の段」です。

準備する物▶オーバーカードと回転カード

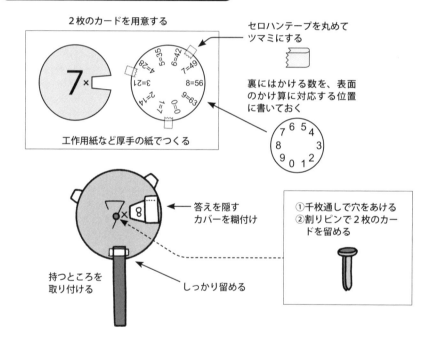

7の段の他にも、6の段、8の段など、子どもたちが困っている段を準備しておくとよいでしょう。また、4×7＝28、6×7＝42など、苦手度の高いかけ算だけを集めて、作るのもよいです。特に、苦手とするかけ算は2つ3つと配置するのもよいです。

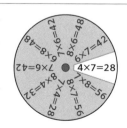

◉ 授業での使い方

7の段を学習したら、いつでも使うことができます。教卓に置いてあったくるくる7の段を取り出し、「これは何でしょう？」などと聞くところから入ると、子どもの意欲がアップします。

授業で見せ終わったら、教卓にしばらく置いておくのもよいですし、教室や廊下に掲示しても楽しいです。その際、「大きな声で！」と書いておくと、近くにいる子にも7の段が聞こえて、いい勉強になります。

7

9の段専用の指九九

指かけ算1

2年

かけ算九九

両手の指を使って、9の段のかけ算が簡単に作れます。知る人ぞ知る
指九九です。

◆ 先生が子どもたちに見せる時

指に番号を振ります。
左端が1で右端が10です。

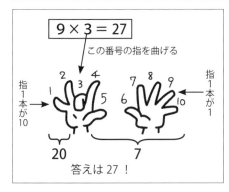

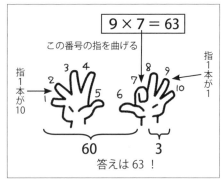

◆ 子どもたちが
自分の指を見る時

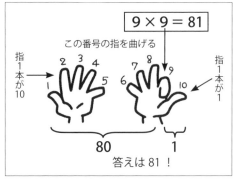

20

◉ 授業での使い方

9の段の学習が終わる頃、9の段を唱えながら、ゆっくりと指九九を見せます。気づいたことを発表してもらって、もう2回ほど繰り返すと、子どもたちの気づきが広がって行きます。

子どもたちが各自納得顔でやっている

ネコが爪でやっている

かけ算九九に慣れてきたら、苦手九九の克服と、九九の先に待っているわり算への橋渡しもかねて、虫食い算の掲示物を作るのもよい学習になります。隠す紙は、めくれるようにテープで留めます。大きな声で読み上げるように書いておくと、楽しさがアップします。

大きな声で！

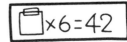

8

5×5以上のかけ算を楽しめる

指かけ算2

2年

かけ算九九

5×5までのかけ算がしっかりできれば、あとは指を見てチョイチョイで九九がわかるちょっと変わった指かけ算です。

◆ 約束

5以上の指の出し方に決まりがあります。

5	6	7	8	9

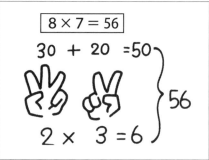

◆ やりかた

```
8 × 7 = 56
```
30 + 20 = 50
2 × 3 = 6
} 56

```
9 × 8 = 72
```
40 + 30 = 70
1 × 2 = 2
} 72

立てた指は1本を10と考え、左右の合計を出します。曲げた指は1本を1と考え、こちらは、左右をかけます。それを合計すると、かけ算の答えになります。

```
6 × 7 = 42
```
10 + 20 = 30
4 × 3 = 12
} 42

22

◉ 授業での使い方

まず、指の出し方を説明します。それから、2, 3例やってみます。その際、7×7以上の九九から始めるとわかりやすいです。やり方がわかると、子どもたちは他のかけ算でも・・・と、どんどん試しはじめます。

指の出し方は OK ですね！
では、これからフランスのオーヴェルニュ地方に伝わる指のかけ算をやります。
よーく見ると、答えの出し方が見えてきますよ！！

 苦手なかけ算のある子に、苦手九九の一覧を作り、答えを言ってから電卓で確かめるのもよい学習になります。

気になるあの子が元気になる！
巨大ものさし

長さの単元で cm や mm を学習し、ものさしを使って長さをはかる勉強をします。このとき、目盛りの読み方を教わっても自分のものさしになると、ちょっと迷う子がまれにいます。そんな子が気になったら、この「巨大ものさし」を作ってみてはいかがでしょう。

準備する物▶気になる子から借りたものさしと紙テープ

ごろ君

ネコちゃん

はなさん

ちょっと貸してね

はい、!!

〈作り方〉

① 3本ともコピー機で
　拡大コピーする

② 拡大したコピーをさらに拡大し、
　扱いやすい大きさにし、切りぬく

③ 裏に磁石を付ける

※目盛りが印刷されて
　いる方を下向きにする。

巨大ものさしに合わせて、
紙テープをはかる長さに切る
（5〜10本ぐらい）

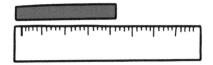

豆知識　「定規」と「ものさし」。同じような意味の言葉ですが、実は微妙に違います。「定規」は線を引く道具のことです。「ものさし」は長さをはかる道具のことです。子どもたちが使っている定規には、長さをはかる目盛りも付いているので、定規とも言えますし、ものさしとも言える両用の道具となっています。

◉ 授業での使い方

教室にある先生用のものさしも使いますが、手づくり巨大ものさしも活用していきます。

このテープの長さをはかります！　今日は新しいものさしを使います！
これです！！

> これはネコちゃんのものさしです
> わかりやすくちょっと大きくしました

おおっ!!　デカい!!　わーお!!

> ネっちゃん、
> はかってみてください

はいっ!!

そう、そこよ!　いいなぁ!!　いいぞ!!

> さすが
> ネコちゃん!

> 5cm 3mm
> です!

> 今度は
> わたしがやりたいな!

> ぼくも
> やりたい!

同様に、他の子の巨大ものさしにも活躍してもらいます。巨大ものさしに数を書いたり、起点の0に色を付けたりしてわかりやすさをアップしつつ、目盛りの読み方なども話すようにします。すると、気になるあの子は、自分のものさしが出てきているので、いつも以上に真剣に話を聴いています。また、先生が自分のものさしで巨大ものさしを作ってくれたことを心の奥で大喜びしています。

> 巨大ものさしを工作用紙に貼り付け、切りぬくと、直線を引く学習でも活用できます。

頂点、辺などが楽しく学べる

点君の旅

　1年生で習った三角が三角形になり、辺や頂点といった算数用語も学びはじめるのが2年生です。図形は点が線になり、線が真っ直ぐになったら直線と名前が付き、直線が折れ曲がると角ができ、辺や頂点も・・・とストーリーにして話すことができます。それを画板劇場で演出すると、子どもたちは集中して聞いてくれます。話が少し長いので、時間に合わせてショート劇場にしても OK です。

準備する物▶画板、ひも、画鋲（5個前後）、用語カード

〈画板〉
穴を1つあける

三角形を作るので、
その底辺の頂点付近

〈ひも〉
これが辺になる

・ひもは画板上で目立つ色
・三角形の2倍ぐらいの長さ
・穴から通すので、紐の最後は穴に
　ひっかかるように結び目を作る

〈用語カード〉

裏返すと辺になるようにする

折り曲げて「三角」と見せ
てから、それが「三角形」
と呼ばれるように変わるこ
とを示すのも、ナイスです。

〈画鋲〉
これが頂点になるが、
家に見立てる

私はこのタイプの
を使っていました。

［画板劇場］

主人公の家
（点君の家）

ネコちゃんの家

ネコちゃんの家を曲がる時、
音がします！カックーン（角）
これは3年で習うので、
忘れてください

◉ 授業での使い方

単元の導入で画板劇場を始めます。いつもの先生の口調でも構わないのですが、セールスマンやエンタメの MC などになったつもりで軽妙に話すと楽しさが倍増します。

これ（画鋲）は、点君の家です。点君がもうすぐ生まれます。
ここから生まれますよ！よく見ていてください。
（と言いつつ、穴に注目させる）

（穴から紐を少し出し）
はい、生まれました！

とても小さいので、おじいさんとおばあさんは点君と名付けました。

（紐を伸ばしつつ）
点君はすくすく成長しました。大きくなったので、名前を変えました。

線君です！
線君は曲がったり、真直ぐになったりできます！
真直ぐになった線君のことを・・・

その通り、直線と言います。
線君は直線にもなれるし、
曲がり線にもなれます！

（画鋲を1個取り出し）
おお、こんなところに家がありました！
ネコちゃんの家です！

手を離すと垂れるが、気にしない

ネコちゃんの家に行こうかなと
思ったら、あっちに麻ちゃんの
家がありました！

なので、ネコちゃんの家を曲がっ
て、麻ちゃんちに行きます！
この曲がる時に、音がします！
どんな音でしょう。

だから、この形を角と
言います。
でも3年で習うので、
忘れてください。

カックーンと曲がった
ので、直線の名前が変
わります。

この角のトンガリにも
名前が付きます！

麻ちゃんちに行こうと思った
けど、急に家に帰りたくなっ
て、麻ちゃんちを曲がりまし
た。また、音がしました。

音がしましたが、忘れてください！

曲がってから、よーく見ると、ここにも直線があります。
この名前は・・・
ここのトンガリの名前は・・・

家に近づきましたが、まだ、家に着いていません。家に着いたら、線君の名前がまた変わります！

家に着く前はだいたい三角だけど、家に着くと三角形になります。
家に着いたら、大きな声で「三角形！」と言ってください！
（と言って、ひもの先をじわじわと画鋲に近づけます）

（3つ目の辺・頂点のカードも貼る）

あらっ！
こんなところに、正三君の家が・・・
（と言って、画鋲を出す）

紐の先を画鋲に刺して固定する

正三君の家はここです！

辺と頂点が増えました。この形を・・・

画板劇場はアドリブで話を楽しくできます。ちょっと脱線したり、大事な言葉を何度も言わせたり、黒板に答えを書いてもらったりと、先生のお好みでアレンジできます。算数用語のカードも色上質紙で仲間分けするなど、学習効果が高まるように工夫してみてください。

11

分数の感覚がなんとなく伝わる

分数うちわ

2年
分数

2より4の方が大きいと教わってきているので、1/2と1/4を見ると、なんとなく1/4の方が大きく感じてしまいます。その感覚がすぐに変わるわけではありませんが、「分数うちわ」を見せると、分母が大きくなると、数としては小さくなることが伝わります。

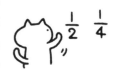

準備する物▶分数うちわを3つ

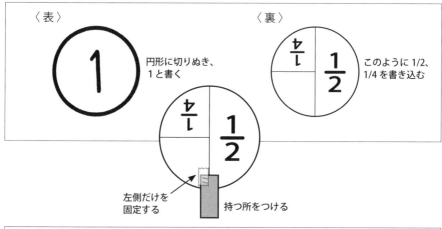

〈 表 〉

円形に切りぬき、
1と書く

〈 裏 〉

このように1/2、
1/4を書き込む

左側だけを
固定する

持つ所をつける

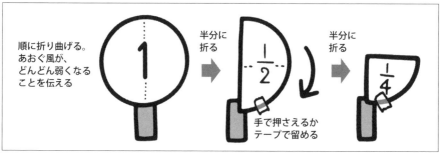

順に折り曲げる。
あおぐ風が、
どんどん弱くなる
ことを伝える

半分に
折る

手で押さえるか
テープで留める

半分に
折る

板目表紙などの場合は、折る直前にカッターで切り込みを入れます。
あおぐまでもないのですが、あおぐと楽しくなるので、あおぎます。

◉ 授業での使い方

「分数うちわ」を見せて、子どもたちの顔をあおぎます。「1うちわ」「1/2うちわ」「1/4うちわ」とあおいで、確かに風パワーがダウンしているのが伝わるようにしていきます。

おお、こんなところにうちわが！
1と書いてあるから、「1うちわ」だ！

「1うちわ」の風はどうですか。

半分に折りました！
「1うちわ」の半分は「1/2うちわ」です。

また、半分に折りました！
「1/4うちわ」です！

分数うちわを欲しがる子がいたら、下のように印刷して、切りぬかせるとよいです。裏面に自分で1と記入させれば、完成です。楽しんだ後は、ノートに貼るようにします。折りたたんだり、開いたりして、分数を見ることができます。

切りぬいたら、
裏に1と大きく書く

31

数の勉強が楽しくなる

100倍、1000倍からくりカード

3年
大きな数

4 × 100 が 400 になり、6 × 1000 が 6000 になる学習をします。ここを少し楽しく取り組みたくなったら、「からくりカード」を作ってやってみてください。

準備する物▶裏の透けない画用紙、1000円札

4 × 100 の場合

画用紙にかけ算を書く

蛇腹に折って400にする

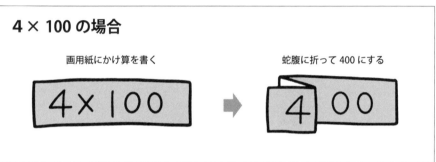

6 × 1000 の場合

裏にクリップで1000円札をつける

切込みの
右側部分を
ひっくり返す

切込みを入れる

さらに楽しみたい時は、こちらも

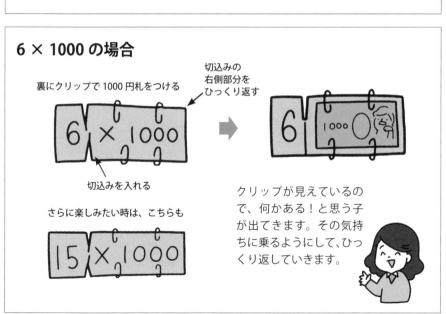

クリップが見えているので、何かある！と思う子が出てきます。その気持ちに乗るようにして、ひっくり返していきます。

◉ 授業での使い方

4 × 100 や 6 × 1000 の問題が出てきたところで、ちょっとやってみるとよいです。

4 × 100 の答えは何でしょう？

はい、400 です！

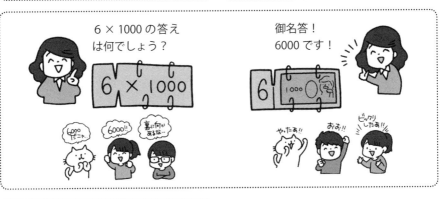

6 × 1000 の答えは何でしょう？

御名答！
6000 です！

ネコちゃん、それ英語の読み方ですよ。
Fifteen thousand
ユーはアメリカ猫なのかな？

算数の授業がマンネリ化してしまい、少々沈みがちになっていたら、この手のアイディアは効果的です。ちょっと脱線的ですが、それなりのインパクトがあります。

豆知識 かけ算の記号として「×」を考えついたのはイギリスの数学者、ウィリアム・オートレッド（1574~1660）です。かけ算は古くから使われていましたが、×の記号ができたのは 400 年ほど前のことです。その頃、ドイツの有名な数学者ライプニッツは×がエックスに似ているということで、この記号を嫌っていました。

13 子どもたちが大興奮！
ダイヤモンドあてゲーム

3年
円

円って、どういうことなのか、それをじんわりじんわりと演出していく、愉快な導入用の授業です。ストーリーがちょっと長いので、自分なりに変更して取り組むのもよいです。

準備する物▶子ども用（4枚）と先生用（1枚）のネームカード。コンパスと磁石。

〈子ども用のネームカード〉

顔は子どもに描かせる

正三　麻　ネコ　けいじ

先生

先生用は大きめに作る

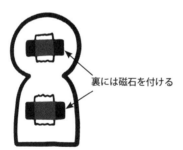

裏には磁石を付ける

色が目立つ
磁石1個

黒板用大型コンパス

この授業で使うネームカードを「学習人形」と呼んでいました。学期はじめに作っておくと、授業のちょっとしたときに、便利に使えます。

けいじ　美子　先生

◉ 授業での使い方

4人の子と先生が校庭でダイヤモンドを見つけたことにします。見つけたダイヤを誰の物にするかを決めるために、線を引いてボールを転がし、ダイヤに当てた人がもらえることにします。

磁石をダイヤに見立てる
（黒板上でやります）

※直線はフリーハンドで描きます。

この線からボールを転がします。ネコちゃんはここ、けいじ君はここ、麻ちゃんはここ、正三君はここ。先生は、そうだな、ここ！

（黒板上でやります）

※正方形もフリーハンドで描きます。

直線をやめて、正方形にします！正三君はここ、ネコちゃんはここ、麻ちゃんはここ、けいじ君はここ。先生は、そうだな、ここ！

（黒板上でやります）

※細長い楕円になるようにフリーハンドで描きます。

正方形をやめて、丸くします！麻ちゃんはここ、けいじ君はここ、正三君はここ、ネコちゃんはここ。先生は、そうだな、ここ！

いよいよ円に迫ります。まずは、先生がフリーハンドでわざと下手に円を描きます。デコボコしていると、子どもたちの眼が光り、「それじゃ、ダメ」と言ってきます。その声を受けて、コンパスを登場させます。

コンパスで円を描くとき、磁石が邪魔なので、ちょっとどかします。

◎まん丸のことを「円」ということ。真ん中のことを「中心」ということ。中心は、みんながニコニコになったように、円のまわりから同じ長さになっていることなどを話します。最後の場面に直線を引き、半径や直径の話をするのもよいです。

◎円を描くために、コンパスという道具があることも話し、コンパスで円を描く練習などへと進んでいきます。

・教科書などの円の図には、半径や直径は1本だけ示す形が多くなっています。そのため、半径も直径も円には1本ずつしかないと思い込んでしまう子もいます。その予防策として、5人の位置から5本の半径を引いて示すのも、よい学習になります。円と中心にはみんながニコニコになる平等の考え方が潜んでいることも伝えられます。

・コンパスはオランダ語です。日本語では「ぶんまわし」と言います。コンパスを使う時の姿をそのまま表したような名前ですね。漢字では「規」と書きます。

ワンポイント

3年

14

コンパスでサッとサイズがとれる

くぼみ定規

3年

円

コンパスで半径5cmの円を描くとき、定規の目盛りに合わせてコンパスを開きます。それから円を描くのですが、寸法通りにコンパスを合わせるのが、イマイチうまくいかない子がいます。そんな子が気になったら、この「くぼみ定規」をやってみてはいかがでしょう。

準備する物▶千枚通し

千枚通しで
0の目盛りに
くぼみを作る。

ぐりぐり

目盛りが印刷されている
面にくぼみを作る。
（貫通する必要はない）

千枚通しは真上から、定規
に対して垂直に押し込む
ようにぐりぐりする。

※子どもにはやらせず、
　必ず先生が行ってください。

◎「くぼみ定規」の使い方

使い方はとても簡単です。やってみせるだけで、子どもたちも簡単にできる
ようになります。

---

① 半径の長さがわかったら、
　まず、コンパスを程よく開く。

---

② コンパスの針を穴にあてる。

　これで針が定規に
　しっかり固定される！

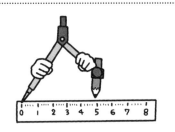

---

③ 芯先を目盛りのラインに
　合わせる。

　とても簡単に
　合わせられる！

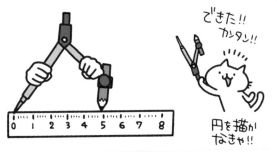

できた!!
カンタン!!

円を描か
なきゃ!!

くぼみ定規の穴に針が入っているので、針がしっかり固定されます。そのため、芯の位
置の調整中に針がずれる心配がありません。芯の位置合わせがとても楽になります。

ワン
ポイント

コンパスで円を描いている最中に、コンパスが少し
開いてしまい、円がグニャとすることがあります。
　　　軸のネジの緩みが原因となっている場合がありま
す。子どものコンパスを開閉してみて、緩いなとか、固いなと感じ
たら、プラスのドライバーでコンパスの脚の開閉が程よくなるよう
に調整してあげましょう。

ここで調整

妙に楽しい

くるくる直径

箱に半径5cmの球が6個入っていて、その箱の縦と横の長さを求める問題があります。うまく説明したのに、なぜか、飲み込みがイマイチの子が出てきそうと思ったら、この「くるくる直径」です。

準備する物▶工作用紙、画板、画鋲、上質紙

〈円の場合〉

画板に白い紙を貼り、円を描く

工作用紙で円に合わせた直径を作る

直径の中心に画鋲を刺して、くるくる回るようにする

箱の問題では…

円と箱を描く

直径の傾きをバラバラにしておく

箱の縦を考える時──縦にそろえる

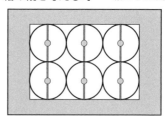

箱の横を考える時──横にそろえる

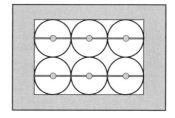

◉ 授業での使い方

扱い方は自由です。箱の問題になる前に、くるくる直径で楽しむ形でも OK
ですし、子どもたちが問題を考えて、その考えを発表した後に、おもむろに
取り出すのもいいです。

箱を真上から見た所です。
球を半分に切って、「くるくる直径」を付けました！

箱の横の長さは・・・

あと 2 つ、誰かやって
くれますか？

直径はだいたい横向きになれば OK ！

横向きは子どもたちにそろえてもらうのもよい勉強になります。

押さえとして、直径を箱の
横に合うように移動すると、
一層しっかりと伝わります。

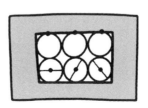

棒グラフの感覚がつかめる

棒グラフレース

チームに分かれて行う簡単な棒グラフレースです。先生チームと子どもたちチームに分けてレースを行うので、その差がどれだけあるかが気になり、自然と縦軸の読み方に慣れてきます。

準備する物▶実物投影機（無ければ板書）、サイコロ

これを実物投影機で映し出す

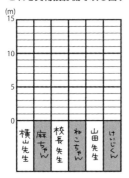

選手の名前は先生、子どもが
半々になるようにする

サイコロも投影機に
うつるように転がす

勝敗：先にゴールした人のチームが勝ち

〈ルール〉
①クラスの子が順番にサイコロを振る。
②出た目を左の人から順にグラフ用紙に記録する。
③誰かがゴールするまで、これを繰り返す（と、ルールを書いているが、クラスと先生の思いで変更してOK）。

棒を付け足しして、記録していく

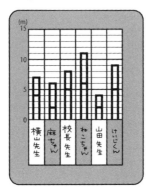

グラフの目盛りの基本形3タイプ

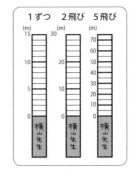

家でもやりたい子が出てくるので、プリントを用意しておくのもよいです。

◉ 授業での使い方

授業の始まりに軽く遊ぶ感じで取り組むと、棒グラフへの理解が高まります。

棒グラフレースをしま～す！！
名前を貸してくれる人！？

先生チーム対
みんなチームです！

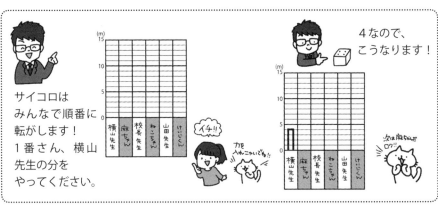

サイコロは
みんなで順番に
転がします！
1番さん、横山
先生の分を
やってください。

4なので、
こうなります！

麻ちゃんは
2なので、
こうなります。

オッ、
横山先生が
リード！！

先生は、時々、
・今、1位は？
・1位と2位の差は？
・2位は誰？
・ねこちゃんは今何m？
などと聞くようにすると、子どもたちは棒グラフの読み方に次第に慣れていきます。
アンコールが出たら、「2飛び」タイプにするのもよいです。その際は、サイコロの目も2, 4, 6, 8, 10, 12と2飛びにします。

43

17 かけ算とわり算がつながっていると感じる

九九表のわり算読み

4年
わり算

わり算の筆算はたし算、ひき算、かけ算の筆算とは見た目が大きく異なるために、24 ÷ 2 を見ても、2 ÷ 24 と感じてしまう子もいます。そんな子が少し救われるのが、九九表からわり算の筆算を見せていく「九九表のわり算読み」です。

$2\overline{)24}$

準備する物▶2の段・3の段の一部の九九表

細線にする

〈使い方〉
かけ算の読み方とわり算の筆算の読み方があることを伝える。
そのために、不要なところを隠す。

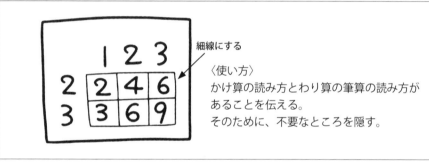

かけ算読み

わり算の筆算読み

折りたたむ

$2 ÷ 2 = 1$ $6 ÷ 2 = 3$

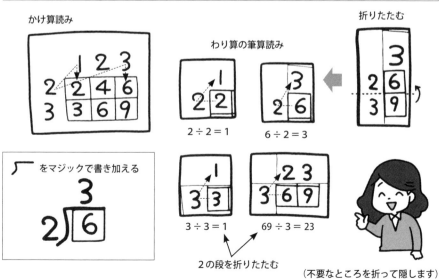

をマジックで書き加える

$3 ÷ 3 = 1$ $69 ÷ 3 = 23$

2の段を折りたたむ

（不要なところを折って隠します）

44

◉ 授業での使い方

わり算の筆算に入った時に、ちょっと楽しくやってみるとよいでしょう。

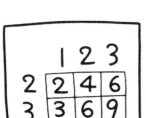

かけ算の復習をします！
ニイチが2、ニニンが4、ニサンが6。終わりです。
3の段！サンイチが3、サンニが6、サザンが9。
終わりです。

かけ算の表を小さくしました。
かけ算じゃない何かが見えるん
だけど・・・

さすが！
それをこう書きます！

豆知識

明治6年の算術書『洋算学聖免』に、当時のわり算の筆算が載っています。右は12345÷5の筆算です。答えの位置が今と違います。また、この本が速習本のためか、最後の0が省略されています。

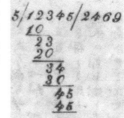

45

18 簡単なやり方をわざわざやって見せる
忍法「さよなら0君」

4年 かけ算

かけ算の筆算で、かける数に0がある場合、そこは0なんだから筆算をしなくてもOKですよと学習します。ほとんどの子は、難なく通過するのですが、ちょっとひっかかる子もいます。そんな子のために、忍法「さよなら0君」をやってあげると伝わりが少しよくなります。

準備する物▶模造紙にかいた2種類の筆算、動物の絵

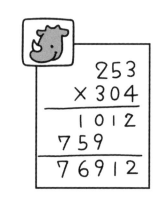

模造紙にかく

動物をあしらうことで、無機質な算数に少し血の通う雰囲気が出て来ます。キリンさんは一つ一つ丁寧で、サイ君はスピードアップを考えているね等、あたたかな見方をしやすくなります。

0の所を折る

折ったり、開いたりして見せていきます。

46

◉授業での使い方

省略して簡単に計算する方法を学ぶところにきたら、模造紙2枚を黒板に貼って、授業を進めるとよいです。キリンの方しか理解できない子がいたら、奥の手「忍法さよなら0君」をやってみましょう。

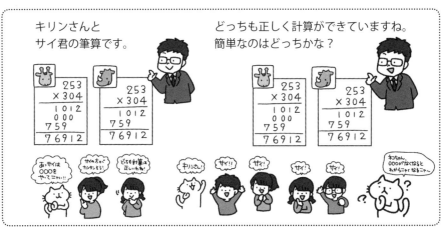

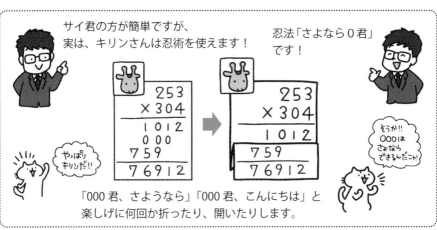

「000君、さようなら」「000君、こんにちは」と楽しげに何回か折ったり、開いたりします。

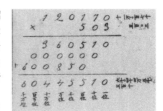

豆知識　明治6年の『洋算近道』に、右の通り筆算が紹介されています。「洋算」というのは、明治になり日本に入ってきた西洋の算術です。ほとんどの日本人が洋算を知らないので、ご覧のように000を記しています。初学の人にとって重要なのは省略することより規則的にきちんと示すことと著者も考えたのだろうと思います。ねこちゃんが喜びそうです。

（『洋算近道』種子島著、明治6年）

47

（ ）を先に計算する理由が伝わる
買い物袋しばり

　5×（4−1）＝と（ ）のある計算をする時には、（ ）を先に計算します。その理由は「カッコいいから」と言ったりしますが、それをさらに印象付けて授業をしたいなと思ったら、この「買い物袋しばり」がナイスです。

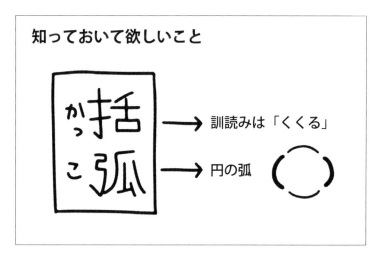

　5×（4−1）は、5が1つの数となっていて、同様に（4−1）も1つにまとめて扱うという意味です。それを強調するように、（ ）を袋に見立て、袋の口を縛って、他と一緒には計算できないことを示します。

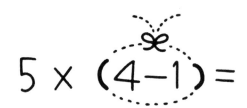

◉ 授業での使い方

（　）のある計算の学習に入ったら、少し大きめに板書して、袋に詰まっている数であることを楽しく話します。

$$\{(68.5 + 12.3 \times 3) + \overline{(0.16 + 3.98 \div 18)}\}$$

豆知識

『算術問題正解』（研数学会、昭和10年）

戦前の算術の本に載っている問題です。中括弧と小括弧の他に、数の上に線が引いてあります。これも括弧の仲間で、小括弧（　）の中でさらに先に計算させたいものが出て来た時に、この線を引くことが一つの約束になっていました。故坪田耕三先生は、線で括っているので「括線（かっせん）」と呼んでいました。括弧の「括」の訓読みも坪田先生から教わり、私の算数研究が大いに進みました。

20

2次元表づくりが愉快になる

ドラマ、愉快な封筒

けがをした場所と、どんなけがをしたのかと、2種類の内容をまとめた表（2次元表）は、その見方にとまどう子が出てきます。少々、わざとらしい演出をして授業を楽しくしてみたい先生には、この「ドラマ、愉快な封筒」がお勧めです。

準備する物▶ 茶封筒（人数分）、けがカード（人数分）、場所カード（人数分）、2次元表（先生用、児童用）

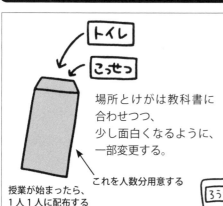

場所とけがは教科書に
合わせつつ、
少し面白くなるように、
一部変更する。

これを人数分用意する

授業が始まったら、
1人1人に配布する

先生用は模造紙に、児童用は印刷物にして配る

〈やり方〉

① 子どもたち全員が学校のどこかでけがをしたことにする。

② 子どもが順に封筒の中のカードを発表する。

③ みんなで表の中に「正」の字で記録するが、先生は床でそれを行う。

先生は黒板で行わず、床に模造紙を広げて記入します。すると、子どもたちは先生のやっていることをちらちら見ながら記入するので、全員分が終わる頃には、表の見方にすっかりなじみます。

折り曲げて
やって見せると、
真似る子が
出てくる。

先生は「見ないで！」と言ってみたり、時々、模造紙を折り曲げて確認しつつ記入したりと、楽しみつつも大事なところを見せていくとよいです。

◉ 授業での使い方

　2次元表の学習に入ったらすぐに「みなさんは学校のどこかでけがをしました」と宣言し、「どこでどんなけがをしたのか調査します」と進めます。

封筒の中は
発表する時まで、
見てはいけません。

発表を聞いたら「正」の字で記録します。
先生は床でやりますが、見ないでね！

麻ちゃんから発表してください。

表に書きます！

えーと、
ここがろうかで、
ここがひっかき
きずだから、
わかった！
ここだな。

　紙を折り曲げる、表の見方を指でなぞるなど、子どもたちがチラッと見て、「ああ、そうか」と思ってくれそうなことを何気なく演じます。「トイレで骨折」と発表した子には、「どうやったら、トイレで骨折できるの！？」と聞いて理由を創作させて説明させると一層盛り上がります。ひっかき傷を入れると、「クマに引っかかれた」ととても生きて帰れそうにない話にする子も出てきます。会話を楽しみながら人数分の記入をするので、表の見方がしっかりしてきます。その先は表を黒板に貼り、数を記入し、合計の学習へと進みます。

21

分度器の意味が伝わる

回転式パックリ角度君

4年
角

分度器の意味をちょっと楽しく遊び感覚で伝えたいなぁと思った先生にお勧めするのが、この「回転式パックリ角度君」です。180度用、360度用とあるので、子どもたちの様子に応じて使えます。

準備する物▶分度器版、パックリ角度君（児童数分、硬質の紙がよい）

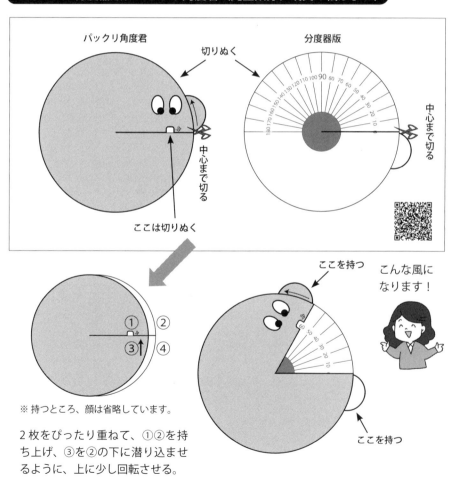

パックリ角度君

分度器版

切りぬく

中心まで切る

中心まで切る

ここは切りぬく

ここを持つ

こんな風になります！

① ② ③ ④

ここを持つ

※ 持つところ、顔は省略しています。

2枚をぴったり重ねて、①②を持ち上げ、③を②の下に潜り込ませるように、上に少し回転させる。

52

◉ 授業での使い方

角の学習で分度器を使う段になったら、回転式パックリ角度君を子どもたち
に配布し、作らせましょう。切り込みと小さな切りぬきがあるので、そこは
説明しながら進めるとよいでしょう。

これを持つと、面白いので、子どもたちは自然とくるくる動かし始めます。動かすたび
に現在の角度の数が見えるので、数を口にする子も出てきます。単位として度（°）を付け
ることをしっかり伝えましょう。
楽しみ方はいろいろできます。10° 20° 30° ・・・ と回転させながら声を出すのもよいです。
慣れてきたら、目をつむって150度にできるかチャレンジするのも楽しいです。
先生用に巨大なパックリ角度君を作り、授業後に廊下に掲示するのも楽しいです。

回転式パックリ角度君「180度＋」

回転式パックリ角度君の「180度＋」は、180度〜360度の角度の求め方を学ぶ教材です。この教材では「180度＋分度器の角度」で求められることを学びます。作り方はパックリ角度君と同じです。「180度＋」はどういうことなのか、子どもたちに説明させるのも、よい学びになります。

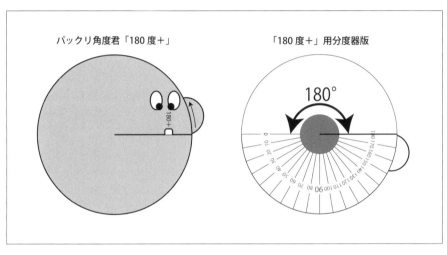

パックリ角度君「180度＋」　　　　「180度＋」用分度器版

180 ＋ 60 ＝ 240（度）と考えます。

回転式パックリ角度君「360度ー」

回転式パックリ角度君の「360度ー」も、180度〜360度の角度の求め方を学ぶ教材です。この教材では「360度ー分度器の角度」で求められることを学びます。「180度＋」同様に、「360度ー」はどういうことなのか、子どもたちに説明させてみましょう。よい学びになります。

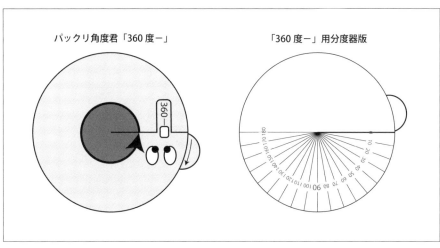

パックリ角度君「360度ー」

「360度ー」用分度器版

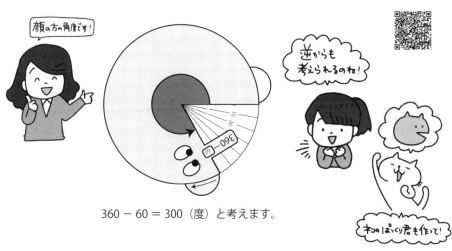

顔の方の角度です！

逆からも考えられるね！

木コのぱっくり君も作って！

360 − 60 = 300（度）と考えます。

22

分度器への混乱が減る

分度器、0の線

4年

角

分度器は右からでも左からでもはかれるように、数が2系列並んでいます。どっちの数を読めばよいのか迷いやすい子がいたら、その子の分度器にちょっとマジックで「0の線」にラインを引いてあげましょう。

準備する物 ▶ 分度器とマジック

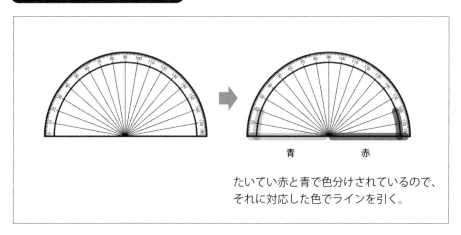

青　　　赤

たいてい赤と青で色分けされているので、それに対応した色でラインを引く。

赤い方ではかるので、60度！　　　青い方ではかるので、60度！

56

◉ 授業での使い方

角度の学習で逆向きの角度をはかるところで、まごつく子が出てきます。その時、すでに赤青ラインを引いた先生用の分度器を見せて、「先生はこうしているのでまちがえないのです」と秘訣を伝授するようにしていくと、ラインを書いて欲しがるが出てきます（子どもの持ち物なので勝手にラインを引くのは差し控えます）。

この角度をはかります。
何度でしょう？

カンタン！
あれ？どっちだっけ？
120度だよ！
60度かもよ！

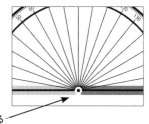

赤と青、どっちの数で答えたらいいのでしょう。
先生は、これを使っているので、すぐにわかります！

ジャジャーーン!!

ああ！いいなぁ!!
先生と同じにしたい！！

マジックの線を必要とする子は、それなりにつまずきの多い子です。中には、分度器の中心と角の頂点を合わせるのを勘違いしている子もいます。分度器の下のへりに辺を合わせる子です。
分度器の中心の点をマジックでチョンとつけるのも効果的です。

マジックで・付ける →

23

合同の学習が楽しくなる

そっくり君

合同には四角形や三角形が出てきます。既習の図形を使って新しい考え方をぶ学ぶからです。そこに、ちょっと楽しさをまぶしたくなったら、「そっくり君」がお勧めです。

準備する物▶そっくり君の用紙（人数分）

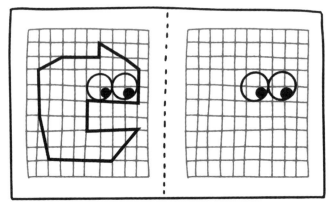

プリントを自作する場合、目玉などを加えておくと楽しさが増します。

合同にかけているかどうかは、切り取り線で切って、重ねて見ればすぐにわかります。

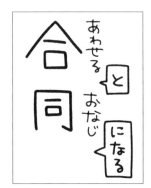

黒板に「合同」と大きめに書いて、漢字の読みから、合同の意味を話していくのも、よい勉強になります。裏返しても、合わせたら同じになるなら、それも合同になります。

◉ 授業での使い方

合同の単元に入ったら、あるいは入る前にプリントを使ってちょっと取り組ませるとよいです。

家庭学習用のプリントも少し用意しておくと、喜んで取り組む子が出てきます。「もっと、難しいのをお願いします」と言ってくる子がいたら、円も交えた図にすると楽しくなります。合同で扱う図形は三角形や四角形になっていますが、円でも同様に合同の考え方を使うことができます。考え方を拡張していくのも、よい勉強になります。

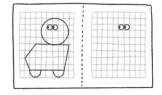

24

平行四辺形の面積の求め方でちょっと輝く！
丸めてつぶして思考

5年
図形の面積

長方形や正方形の面積は学習したけど、では、平行四辺形はどうやって面積を求めるのだろうかと、クラス全員で考えていく場面があります。いろいろな考え方が出てきますが、その上を行く、ちょっと変わった妙案を先生が示し、「先生、すごい！」としばし脚光を浴びられるかもしれないのが、この「丸めてつぶして思考」です。

準備する物▶ A4 の紙1枚

平行四辺形への考え方

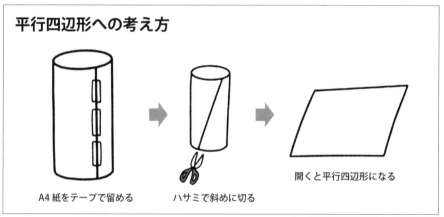

A4 紙をテープで留める　　ハサミで斜めに切る　　開くと平行四辺形になる

この考え方を利用します。

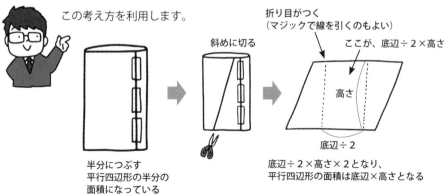

折り目がつく
（マジックで線を引くのもよい）

斜めに切る

ここが、底辺÷2×高さ

高さ

底辺÷2

半分につぶす
平行四辺形の半分の
面積になっている

底辺÷2×高さ×2となり、
平行四辺形の面積は底辺×高さとなる

◉ 授業での使い方

平行四辺形の面積の求め方への子どもたちの考えが出尽くしてきた所で、1枚の紙を取り出し、子どもたちの前で円筒にし、先生の考え方として話します。

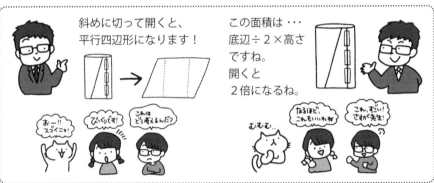

平行四辺形の面積では、大きく傾いたタイプの学習もします。その時、トイレットペーパーの芯を2つ用意して、切って開いて見せるのも楽しくなります。
（切り方）
①上のA4紙のように切って開く
②芯に紙のつなぎ目が斜めに入っているので、それに沿って切って開く
元の形が同じなので、どちらの平行四辺形も面積は等しいとわかります。（これを見てしまうと、「トイレに入ったら平行四辺形が思い浮かんでしまった」と報告する子も出てきます。「トイレでも復習、えらい！」とほめるのもよいです）

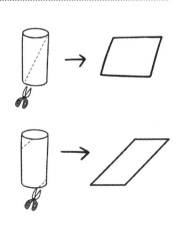

25

平均の大切が痛烈に伝わる！

平均じゃんけん大会

5年
平均

野球でもサッカーでも、合計点が多い方が勝ちとなっています。しかし、世の中には合計で勝ち負けを考えることがナンセンスとなる場合もあります。それを実際に体験することでわかるのが、この「平均じゃんけん大会」です。ポイントはじゃんけんをするグループの人数に差をつけるところにあります。

やり方

①グループに分ける。
　1グループの人数は決まっていないので、3人グループもあれば、6人のグループがあっても構わない。

②先生とするじゃんけんのポイントを発表する。
　勝ち　：3点　あいこ：2点
　負け　：1点

③結果の集計を板書する。

	チーム名	チームZ	フレンチ	もふもふ	KTBN	必勝チーム
合計点						

④合計点の多いチームを優勝と宣言する。

⑤負けたチームから不平（人数の相違）が出るので、どうしたらよいのかを考えさせる。

	5位	優勝！	4位	2位	3位	
	チーム名	チームZ	フレンチ	もふもふ	KTBN	必勝チーム
合計点	25	40	29	35	31	

⑥人数を表に書き加える。

⑦平均点を計算し、改めて優勝チームを発表する（平均は合計とは違う考え方であることをしっかり話す）。

	5位	優勝！	4位	2位	3位	
	チーム名	チームZ	フレンチ	もふもふ	KTBN	必勝チーム
合計点	25	40	29	35	31	
人数	3	6	4	5	4	

◉授業での使い方

平均の単元に入ったら、「突然ですが」とじゃんけん大会を開催することを話します。それからじゃんけんのポイントを話し、集計表を板書します。

チーム名も決まりました。
さあ、じゃんけんです。
最初はグー、じゃんけんポン！
点数を記録してくださいね！

	チーム名	チームZ	フレンチ	もふもふ	KTBN	必勝チーム
	合計点					

チームで集計してください！
優勝はフレンチです！！
おめでとうございます！！

		5位	優勝!	4位	2位	3位
	チーム名	チームZ	フレンチ	もふもふ	KTBN	必勝チーム
	合計点	25	40	29	35	31

どう計算したらいいですか？

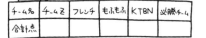

		5位	優勝!	4位	2位	3位
	チーム名	チームZ	フレンチ	もふもふ	KTBN	必勝チーム
	合計点	25	40	29	35	31
	人数	3	6	4	5	4
	平均点	8.3	6.7	7.25	7	7.75

表はこのように続きます。不満が出た場合には計算方法を考え直すことも大切であること、平均は合計とはひと味違う計算方法になっていることなどを話すとよいです。このじゃんけん大会には単位量の考え方も含まれているので、そこでも改めてやってみるのもよい勉強になります。

63

26

図形を見る眼が向上する
底辺、高さのポインターペン

5年
図形の面積

平行四辺形・三角形・台形には底辺と高さが出てきます。それが見つけられないと、面積を正しく求めることができません。黒板に図を描いて底辺・高さを示す時、伸縮する指示棒（ポインターペン）を使うと子どもたちの注目度が向上し、わかりやすさがアップします。ついでに、直角君も用意すると、モアベターです。

準備する物▶市販の指示棒（ポインターペン）2本、強力磁石（4個）、直角君

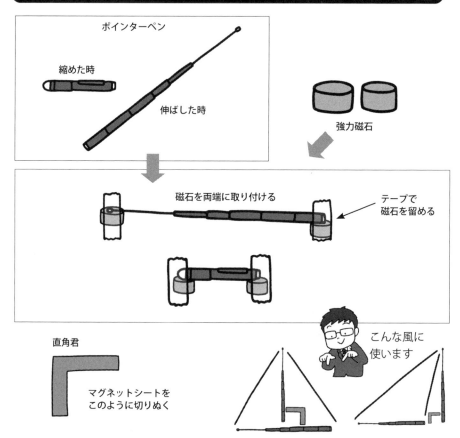

ポインターペン

縮めた時

伸ばした時

強力磁石

磁石を両端に取り付ける

テープで
磁石を留める

直角君

マグネットシートを
このように切りぬく

こんな風に
使います

◉ 授業での使い方

平行四辺形や三角形で底辺、高さを学習したら、登場させましょう。ポインターペンは縮めた状態で子どもたちに見せて、それからグイッと引き伸ばすと子どもたちはビックリします。底辺にピタッとあてた後、もう一本を取り出し、子どもに高さの位置に置いてもらうのも楽しいです。

底辺が底辺らしい位置にない場合の図形を学習する時に、紙に三角形と寸法を書いて黒板に貼るとよいです。底辺かなと思った辺が下にくるように紙を回転させると、高さもパッとわかります。回転中に、「ストップ！」と言ってもらうと、集中度がアップします。その後、教科書やプリントの向きを変えて考える子も出てきます。

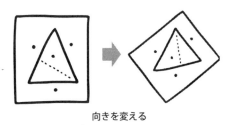

向きを変える

27

線分図への注目度がアップする

線分図専用、棒ツー

5年

単位量あたり
の大きさ

単位量の学習に限らず、線分図を使って問題内容を整理していく学習がけっこう出てきます。その線分図を黒板に書くのですが、関心の度合いが今一つとなりがちと感じたら、この線分図専用の「棒ツー」を試されてみてはと思います。ポイントは棒の先の工夫をいろいろ変化させるところにあります。

準備する物▶マグネットシートを棒状に切ったもの

マグネットシートは黒板に
貼り付けて目立つ色

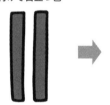

線分図の縦の線として使う

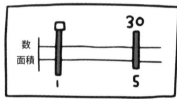

線分図で重要になってくるのは、縦の線の上下の数です。上下でペアになっていることを、わざわざ棒を置くことで強調します。さらに、子どもたちが喜びそうなバージョンも用意すると楽しさが続きます。

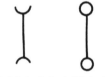

さすまたタイプ　メガネタイプ

ハートタイプ　「し」や「ひ」の
付く子タイプ　猫タイプ

問題に
合わせるタイプ

紙に書いて棒にテープで貼り付けるだけです。数はその紙に書いてしまいます。面白がる子が貼り付ける紙を作ってくれたら、さらに楽しくなりますね。

66

◉ 授業での使い方

普通に線分図を書いて、子どもたちが線分図をしっかり学んでくれるクラスでは、特に使う必要がありません。ちょっとモチベーションが落ちたなと感じた時、これを線分図に貼り付けて楽しみます。

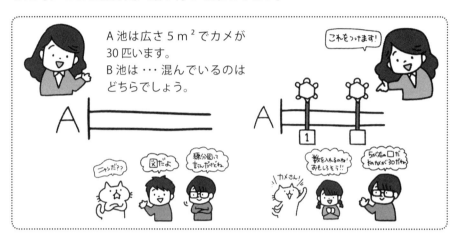

４つの数をよく見ると、ちょっと変わった規則が見えてきます。斜めにかけると同数になります。こういう規則に気づくと、数の配置がしっかりできれば、計算式が簡単に見つかります。

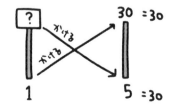

28

L字形の体積が楽しくなる

体積の重なり君

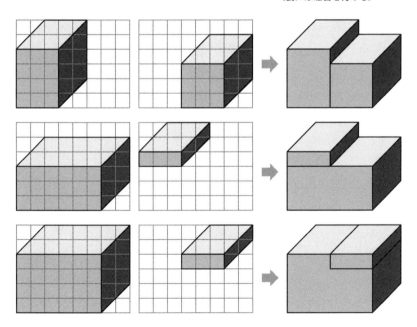

6年

体積

体積の学習でも、面積と同じようにL字型などの問題が出てきます。このときの考え方は既習の直方体に直すことです。それがストンとわかるのが、工作用紙で作る「体積の重なり君」です。

準備する物▶工作用紙で作った重なり君

基本となる「体積の重なり君」の作り方は『「夢中で算数」をつくる教材アイディア集』p.70 参照。

〈作り方〉

①工作用紙のマス目を利用して、基本となる
　3タイプ、合計6つの直方体を描く。
②各面に色鉛筆で簡単に色を付け、立体感を
　高める。
③工作用紙を切りぬく。

重ねるとL字形の立体になる
（裏には磁石を付ける）

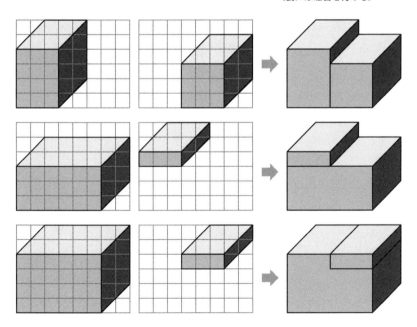

● 授業での使い方

L字型の立体の体積の求め方を子どもたちが考え、発表した後、先生からということで、「重なり君」を見せると楽しくなります。1枚ずつ貼ってもいいですし、2枚重ねて貼っても楽しくなります。

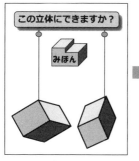

<掲示物>

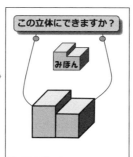

こんな風にできればOK！

授業後の掲示で、子どもたちが組み立てられるようにすると、さらに楽しくなります。2つの直方体の紙を糸でつるし、完成形の図も示します。子どもたちは「カンタン！」と思いつつも、なぜか1回は自分でやってみたくなります。廊下に貼り出せば、クラス外の子も楽しんでくれます。

29

約分の雰囲気が伝わる

暗号分数

6年

分数の
かけ算わり算

分数のかけ算わり算では、計算途中で約分をします。そこを、ちょっと遊び感覚で楽しんでみたくなったら、この「暗号分数」が楽しいです。答えが何かしらの言葉になるように作ります。

〈例〉

$$\frac{ほ}{な} \div \frac{れ}{な} \times き \div \frac{ほ}{し} = \frac{ほ \times な \times き \times し}{な \times れ \times ほ} = \frac{きし}{れ}$$

（歴史）

$$かう \div な \times \frac{み}{う} \div \frac{か}{だ} = \frac{かう \times み \times だ}{な \times う \times か} = \frac{みだ}{な}$$

（涙）

$$\frac{し}{め} \div \frac{こ}{め} \times \frac{ふ}{し} \times ん = \frac{し \times め \times ふ \times ん}{め \times こ \times し} = \frac{ふん}{こ}$$

（古墳）

約数の雰囲気を出したい場合は、ローマ字に変換するタイプも楽しいです。

〈例〉

$$\frac{の}{あお} \div \frac{ぬ}{す} = \frac{Na \times su}{Ao \times Nu} = \frac{S}{A}$$

宿題や自主学習の材料としていかがでしょう。

70

コラム

三角定規の穴は
何のためにあるの？

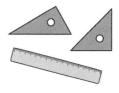

　三角定規にはたいてい穴が空いていますが、この穴は何のために空けられているのでしょうか。

　それは、定規で直線を引く時に、ズルッと定規がずれないようにとつくられているのです。定規で線を引くときの指づかいには3つのポイントがあります。

　① 　定規を押さえる指

　② 　紙を押さえる指

　③ 　定規と紙を同時に押さえる指（定規の円の縁に指をあてる）

　定規を普通に使うと、①と②はできるのですが、それでは定規を上から押さえるだけとなってしまい、ちょっとしたタイミングで手が滑り、直線がグニャっとなる可能性が高いのです。

　これを防ぐための大切な指づかいが、③の定規の円の縁に指をあてることです。縁に指をあてれば、定規と紙を同時に押さえられ、定規がずれにくくなります。

　すると、長方形の細長い定規に穴が無いことが気になります。長方形の定規には縁を押さえるための穴は、通常空いていません。それは指の長さが違うからです。長さが違うので、穴を空けなくても、どれかの指が定規の縁に当たりやすくなっています。そのため、長方形の定規でも、どれかの指を縁にあてるように心がけるとズルッとしにくくなります。

30 縮尺を見る力がつく
世界〇〇kmの旅

6年
拡大図と縮図

縮尺の学習中に、ちょっと視野を広げて、地図帳を活用するのが「世界〇〇 km の旅」です。児童用の地図帳だけを使うのもよいのですが、社会科資料室にある大型地球儀や掛け図などを使うと、楽しさと迫力がグッとアップします。

準備する物▶ 地図帳、世界地図の掛け図、大型地球儀など、記録用紙、電卓（桁数が不足するが、ある方が便利）、タブレット内の計算ソフト

〈やり方〉
①日本から出発し、好きな都市・国をめぐり、最後は日本に帰ってくる。その渡航距離を算出する。
②途中までは、班で一緒に団体旅行をする（計算の仕方を互いに確認し、確実にするため）。
③後半は個人旅行となる。

記録用紙

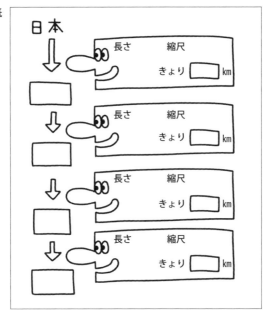

◉ 授業での使い方

縮尺を学んだ後に、復習も兼ねて世界旅行の授業をします。何処を巡るか班で相談する時も楽しいですし、実際に地図上の長さをはかることも楽しいです。それを換算する時、頼りの電卓の桁数が不足しているアクシデントも楽しいひと時になります。

世界地図や地球儀です！
今日は、みなさんに
世界旅行に
行ってもらいます！

途中までは
班で団体行動ですよ。
それから個人旅行です。

やったニャー！

パリ!!

ニューヨークかな！

2ヶ所班で決めよう！

ドイツにいきたい〜！

ハワイがいいけどドコにあるんだろうニャ

世界地図の掛け図を床に広げると、その上に乗り、出発地から到着地までに竹尺をあて、長さをはかりはじめる子が出てきます。一方、大型地球儀では巻き尺を取り出し、ヨーロッパへ行く最短のコースが平面地図と違っていて、ビックリする子もいました。

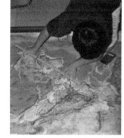

団体旅行が終わり、個人旅行になると、ちょっと飛んでる子が活躍するようになります。赤道一周してから日本に帰ると計画をした子がいました。そうかと思えば、地名を知っていても、それが見つけられず、地図帳の索引で調べるところから始める子もいました。

私のクラスでは一歩先へ進むことの好きな子が多かったので、計算した距離を歩きのスピードで行くと何日かかるとか、音速だとどうなるかと楽しんでいる子もいました。教師の目には既習の「速さ」を復習として取り入れている立派な姿に映りました。

この授業をしたのは四半世紀も前の1990年前半の頃です。1時間の授業をどう進めるかと考える時代でしたから、縮尺を教室で授業し、その後に、オプション的にこの授業を入れていました。今は単元縦断、教科横断で計画を立てる時代へと変わりつつあります。世界旅行の中で縮尺を理解し学んでいく授業ができるのではないかと思っています。教科書はそのための参考書という位置づけになります。そういう新しい授業も、先生方と考えていきたいと思っています。

31

地味な比例が盛り上がる

比例実験会

6年
比例

比例の学習では水槽に水を入れたり、乗り物が走ったり、図形の高さが増えたりと、面白いシチュエーションが設定されていますが、それを実際に行いつつ授業をすることはなかなかありません。ところが、1つでも実験のようにして実際にそれをやってみると、子どもたちは熱心に取り組みます。それがこの「比例実験会」です。

授業する場所▶理科室

〈やり方〉
①比例になる実験を班で考える。
②実験をして計測する。
③結果を基に、比例の式と表とグラフを作成する。

〈班で考えた実験〉

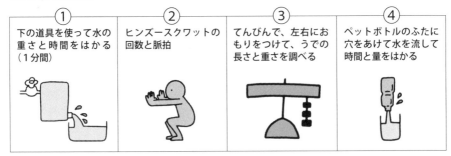

①	②	③	④
下の道具を使って水の重さと時間をはかる（1分間）	ヒンズースクワットの回数と脈拍	てんびんで、左右におもりをつけて、うでの長さと重さを調べる	ペットボトルのふたに穴をあけて水を流して時間と量をはかる

⑤	⑥	⑦
ふりこの横にふれる長さと角度	くぎの本数とくぎの重さ（上ざらてんびんとふんどう）	粘土に画鋲を置き、上からおもりを落とした時の、おもりの重さとささった長さ

比例にならない実験があっても、それが勉強になります。

74

◉ 授業での使い方

比例について学習をしてから、この実験を行いますが、事前に理科室で比例の実験を班ごとに行うことを予告しておきます。比例の学習をしながら、どんな実験をしたいか考えておいてもらいます。それから、比例実験会となります。

比例の勉強をしていますが、最後に、理科室で比例の実験をみんなでやります。

班ごとにどんな比例の実験をしたいか、考えておいてくださいね。

では、班で決めた比例実験を黒板に書いて、みなさんに簡単に説明してください。

変更する班は、黒板も直してくださいね。

このグラフは中学で習うグラフですね。
式は y ＝●× ＋■ となるんだけど、
■はどこのことかわかるかな？

残りの時間を考えて、進めてください。

この授業も四半世紀前に行った授業です。当時は、算数で自由に考えて実験を行う授業はなかなかできない状態でした。しかし、やってみると実験を通して学んでいく子どもたちの姿があり、これは工夫次第で新しい授業となるように思っていました。思っているだけで、その先に進めずに今日まで来ましたが、木村明憲先生の『単元縦断×教科横断』を読み、改めて、このような授業を再考していくことも大切な教育活動になるように思えています。

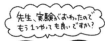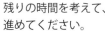

●おわりに

この本の原稿を書いている最中に、珍しいたし算の筆算と出合いました。左の5つの数のたし算を御覧ください。数の上に点々がありますね。これは何だろうと思って考えてみると、「繰り上がり」を表していることに気づきます。

このやり方が載っているのは、明治6年に出版された『筆算通書入門』です。監修は福田理軒という明治期に西洋から輸入された筆算の普及に努めた日本算数史の著名人です。

なぜ、繰り上がりを点々にしたのだろうかと考えると、うすうす見当はつきます。

当時の人は漢数字を使っていたので、私たちが普段使っている「1」や「6」といったアラビア数字（算用数字）には不慣れでした。「不慣れな数で繰り上がりを示すより、点々の方がわかりやすい」と福田理軒らは考えたのだろうと思います。そう思うと、この点々も一つの教材づくりではないかと思えてきます。

その分野の学習に不慣れな人に少しでもわかってもらいたい。そう願いつつ工夫し、教材づくりをするのは、どうも日本人教師の伝統と言えそうです。

　私は算数の教材づくりという非常に狭いジャンルを歩んでいますが、それが本だけでなくソフトウェアにも広がり、また海外へのチャレンジへと発展しています。算数の教材づくりはまだまだ工夫の余地があり、やりようによっては驚きの世界をつくり出せる可能性を秘めていると私は目しています。

　大切なことは、学ぶ人のことを考えて作り進めることです。気になるあの子が「わかりやすい」「面白いね」と思ってくれるような教材になるよう工夫をすることです。

　そんな算数の教材づくりをこの先も楽しく取り組んでいきたいと考えています。

　算数教材のささやかな学級ドラマにお付き合いくださり、ありがとうございました。心より御礼申し上げます。

　　　令和３年　４月

　　　　　　　　　　　　　　　　　　横山験也

●著者紹介

横山験也 <small>（よこやま けんや）</small>

日本基礎学習ゲーム研究会会長
株式会社さくら社代表取締役社長
千葉大学教育学部を卒業後、千葉市内の公立学校に勤務（24年間）。第 1 作『教室騒然！ゲーム＆パズル』（明治図書出版）が 2 万部ほどのヒット作となり「学習ゲームの横山」と呼ばれる。その後、家庭学習用 PC ソフト『ケンチャコ大冒険』シリーズ（NEC インターチャネル社）の全シナリオを書き、ミリオンセラーに。教員退職後にデジタル算数教材の研究開発を行い、目下 JICA プロジェクトとしてアフリカはルワンダ国の小学校に導入すべく実証事業を展開（外務省白書 2019 年版「匠の技術、世界へ」掲載）。

イラスト：ゴトウマキエ
ブックデザイン：佐藤 博

「夢中で算数」をつくる
教材アイディア集②

2021 年 5 月 8 日　初版発行

著　者　横山験也
発行者　横山験也
発行所　株式会社さくら社
　　　　〒 101-0051　東京都千代田区神田神保町 2-20 ワカヤギビル 507 号
　　　　TEL：03-6272-6715 ／ FAX：03-6272-6716
　　　　https://www.sakura-sha.jp　郵便振替 00170-2-361913

印刷・製本　中央精版印刷株式会社

さくら社の理念

● 書籍を通じて優れた教育文化の創造をめざす

　教育とは、学力形成を始めとして才能・能力を伸ばし、目指すべき地点へと導いていくことでしょう。しかし、そこへと導く方法は決して一つではないはずです。多種多様な考え方、やり方の中から、指導者となるみなさんが自分に合った方法を見つけ、実践していくことで、教育文化は豊かになっていきます。さくら社は、書籍を通じてそのお手伝いをしていきたいと考えています。

● 元気で楽しい教育現場を増やすことをめざす

　教育には継続する力も必要です。同時に、継続には前向きな明るさ、楽しさが必要です。先生の明るい笑顔は子どもたちの元気を生みます。子どもたちの元気な笑顔で先生も元気になります。みんなが元気になることで、教育現場は変わります。日本中の教育現場が、元気で楽しい力に満ちたものであるために──さくら社は、書籍を通じて笑顔を増やしていきたいと考えています。

● たくましく豊かな未来へとつなげることをめざす

　教育は、未来をつくるものです。教育が崩れると未来の社会が崩れてしまいます。教育がたくましくなれば、未来もたくましく豊かになります。たくましく豊かな未来を実現するために、教育現場の現在を豊かなものにしていくことが必要です。さくら社は、未来へとつながる教育のための書籍を生み出していきます。